NOTICE

NÉCROLOGIQUE

SUR

M. L'ABBÉ LEGOUPILS,

Curé de Cherbourg, Chanoine du diocèse
de Coutances.

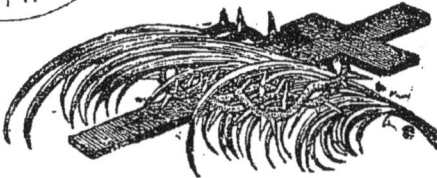

**Se vend à Mortain, chez LEBEL,
Imprimeur - Libraire.**

NOTICE

NÉCROLOGIQUE

sur M. l'Abbé Legoupils.

M. l'abbé Legoupils, curé de Cherbourg et vicaire-général de Mgr. l'Evêque de Coutances, était né, le 10 janvier 1800, à Mesnilgilbert, canton de Saint-Pois; il fit ses études au collége de Mortain, jusqu'à la classe de seconde inclusivement et suivit les cours de rhétorique et de philosophie au collége d'Avranches. La pénétration et la rectitude de son esprit le firent remarquer au milieu de ses condisciples, dont plusieurs font maintenant honneur à la magistrature et au barreau. Il n'était encore qu'en troisième, et déjà l'on voyait se manifester en lui ce goût prononcé pour la littérature, qui depuis s'est developpé avec tant d'éclat. Une pièce de vers latins composée, à cette époque, par le jeune Legoupils fut admirée par M. de Chênedollé, inspecteur des études, et attira l'attention de l'Académie de Caen.

Au grand séminaire, il consacrait tout le temps dont il pouvait disposer à l'étude des grands modèles de l'art oratoire et, surtout, de l'écriture sainte, dont les beautés sublimes le ravissaient. En 1822, M. Legoupils, qui venait de recevoir le diaconat, fut nommé professeur de rhétorique, au petit séminaine de Sottevast. Cette épreuve, si périlleuse pour un jeune homme de 22 ans, révéla toute la fécondité de son talent, et particulièrement, les richesses de son imagination, la sûreté de son jugement, et, ce qui est plus rare encore, un goût exquis. L'enjouement naturel de son caractère et sa bonté qui ne se démentait jamais lui eurent bientôt gagné le cœur de ses élèves. Voici le témoignage que lui rendait, il n'y a pas long-temps encore, un de ses anciens élèves, qui maintenant est un écrivain aussi brillant que profond, le père Cahours : « Nous étions » fiers de lui et nous le chérissions, comme si nous avions été ses » enfants. »

Malgré un succès si complet, M. l'abbé Legoupils se sentait entraîné vers une autre carrière ; il éprouvait le besoin de travailler plus directement au salut des âmes.

Dès que ces dispositions de M. Legoupils furent connues, Mgr. Dupont s'empressa de lui confier la cure importante de Notre Dame de Touchet. A son arrivée dans cette paroisse, M. Legoupils reconnut qu'il était l'objet de préventions nombreuses : il les eut bientôt dissipées par ses prédications et ses exemples ; et, arrosé de ses sueurs, ce terrain, qui semblait d'abord stérile et ingrat, produisit d'abondantes moissons. Il est inutile de dire que M. Legoupils emporta les regrets de tous les habitants de Notre Dame de Touchet ; aujourd'hui encore ils ne prononcent qu'avec vénération et reconnaissance le nom de leur ancien pasteur, qui fut au milieu d'eux, un apôtre, béni de Dieu.

Le ministère pastoral ne suffisait pas au zèle de M. Legoupils : aussi répondit-il avec bonheur à la voix de son évêque, lorsque ce prélat lui proposa de faire partie de la société des missionnaires diocésains, qui venait d'être réorganisée, sous la direction de M. l'abbé Dubois. M. Legoupils était né pour être missionnaire : c'était là sa vocation spéciale. Ses travaux, pendant ses treize années de missions, ont été immenses et ses succès prodigieux ; on l'a vu réaliser ce qu'on raconte de saint Vincent-Ferrier et de Brydaine : Il parcourut, dans tous les sens, le diocèse de Coutances ; il en évangélisa presque toutes les paroisses ; et partout les populations se précipitaient sur ses pas et les églises ne pouvaient contenir la foule qui se pressait pour l'entendre. Un jour, dans une de ses missions, malgré le froid et la neige, on fut obligé de mettre une chaire dans le cimetière ; le cimetière se trouvant encore trop petit, on alla dans un champ voisin. Il ravissait son auditoire et le tenait suspendu à ses lèvres par le charme de ses récits ; sa bonté, son amour pour les pécheurs se révélaient dans toutes ses paroles et sur tous ses traits. Sa voix puissante remuait les âmes, faisait éclater les sanglots et souvent même fondre en larmes les pécheurs les plus endurcis. Ses prédications étaient toujours suivies de conversions nombreuses, qui se manifestaient par des restitutions, ou la cessation des inimitiés publiques et des scandales contre les mœurs. A une de ses missions, un grand nombre de personnes restèrent le soir dans l'église, afin de garder leurs places, pendant la nuit, pour se confesser le lendemain. Dans la crainte des abus, et pour se conformer aux règles du diocèse, on les fit sortir, et les portes furent fermées. Ces pénitents, dont la ferveur ne semble pas appartenir à notre siècle, demeurèrent auprès de l'église et passèrent toute la nuit en prières ; et il fallut le lendemain que le missionnaire, tout en louant leur zèle, défendît de le porter à cet excès.

Le trait suivant peut donner une idée de la confiance que M. Legoupils, si bien surnommé par ses confrères, *le grand convertisseur,* avait su inspirer aux marins : un navire relâche pour deux jours au port de Granville ; à peine à terre, un marin apprend que M. Legoupils prêche une mission dans le Cotentin ; il part immédiatement pour le lieu de la mission, arrive le soir, se confesse ; et le lendemain il était à bord de son navire, unissant dans sa reconnaissance le nom de la sainte Vierge, patronne des mariniers, et celui du bon père Legoupils.

Plus d'une fois, il a entendu de la bouche vénérée de son évêque, revenant d'une visite pastorale, ces paroles, qui retentissaient si délicieusement dans son cœur de missionnaire : « Je viens de parcourir » un grand nombre de paroisses ; je ne les ai pas reconnues : vous les » avez renouvelées. »

La réputation de M. Legoupils s'étendit au loin : il prêcha des stations et des retraites dans un grand nombre de départements et dans la capitale, et toujours avec succès; mais il fut surtout l'apôtre de la Normandie et de la Bretagne. Lorsqu'il était seul à prêcher une station, ou à donner une mission, voici quel était l'ordre de ses travaux : Le matin, à six heures, instruction spécialement destinée aux ouvriers, aux servantes et aux pauvres ; à neuf heures, conférence appropriée à son auditoire, ordinairement composé de personnes aisées et instruites ; à deux heures, nouvelle instruction pour les enfants ; cet exercice, qui lui a fait goûter les plus douces consolations, lui conciliait, dans les paroisses où il n'était pas connu, l'affection des familles et dissipait les préventions dont le ministère des missionnaires est trop souvent l'objet. Le soir, à sept heures, sermon, alternativement pour l'auditoire ordinaire et pour les hommes seuls. Les réunions d'hommes lui ont toujours complètement réussi. A Bayeux, le succès fut immense : les nefs de la vaste cathédrale étaient remplies, et à la clôture des exercices, qui durèrent pendant tout le mois de Marie, deux prêtres donnèrent la communion pendant 55 minutes. Il parlait cependant avec plus de satisfaction de ses stations de Vitré, de St-Malo et de Fougères. Dans cette dernière ville, à la fin du carême prêché par M. Legoupils, près de trois mille hommes approchèrent de la sainte table. Il fut l'objet de la vénération de tous les habitants ; on ne parlait qu'avec enthousiasme des conversions opérées par sa parole persuasive et la sainteté de ses exemples. Ce fut à Fougères, je crois, qu'un perruquier, ayant coupé les cheveux de M. Legoupils, remarqua qu'on lui en demandait avec empressement et qu'on les recevait avec respect et bonheur, comme une chose sainte. Le perruquier, un peu Normand, quoique Breton, se mit à vendre ces cheveux si recherchés, et quoiqu'ils eussent paru se multiplier, sous ses ciseaux, ils furent bientôt épuisés.

M. Legoupils avait compris que l'avenir de la France dépend particulièrement de l'éducation chrétienne de la jeunesse : aussi le ministère qu'il aimait surtout à remplir était le ministère des retraites dans les colléges et les petits séminaires ; il y obtenait toujours les succès les plus consolants : à Pont-Levoy, il prêcha, comme n'avaient pas prêché les prédicateurs célèbres qui l'avaient précédé. Les élèves ne songèrent pas à l'admirer ; mais ils virent en lui un père et un ami, et ils lui accordèrent une confiance sans bornes. Que de familles illustres doivent à M. Legoupils la piété de quelqu'un de leurs membres et le bonheur dont elle est la source ! Le directeur de Pont-Levoy, M. l'abbé Demeuré, ravi de tout le bien produit parmi ses élèves par les retraites de M. Legoupils, félicitait Mgr. l'évêque de Coutances de posséder un prêtre qui opérait de si merveilleuses choses. Les évêques voisins l'enviaient à leur vénérable collègue ; Mgr. l'évêque de Bayeux et Mgr. de Rennes, qui nommèrent M. Legoupils chanoine-honoraire, ont dit plus d'une fois qu'ils auraient été heureux de pouvoir l'attacher à leur diocèse. Les travaux de M. Legoupils peuvent donner une idée de ses fatigues. Chaque carême, il prêchait de 90 à 100 fois ; il se couchait à dix heures ; mais le matin, à cinq heures, il entendait les confessions : souvent il se levait à minuit, pour réciter le saint office. A Rennes, il prêcha pendant une semaine, sept fois le jour. Il ne mettait pour ainsi dire, aucun intervalle entre ses missions, retraites, stations, etc. Il disait : « je » n'ai besoin après une mission, que de deux jours de repos. » Son zèle lui faisait illusion : des maladies graves et fréquentes et sa santé usée par l'excès de ses fatigues ne lui permettant plus de se livrer à un ministère si laborieux, le déterminèrent à accepter un canonicat. Il éprouva de vifs regrets, en se séparant de la société des missionnaires diocésains, qu'il avait dirigée pendant dix ans, avec une affection toute paternelle et de si éclatants succès. Dès que sa santé fut un peu rétablie, sa nouvelle position lui inspira du dégoût, parce que, lui imposant le devoir de la résidence, elle ne lui permettait de consacrer que trois mois chaque année aux stations, retraites, etc. Aussi dès que Mgr. l'évêque de Coutances lui en eut manifesté le désir, M. Legoupils s'empressa d'échanger son canonicat contre la cure de Cherbourg, qui, par son importance, se présenta à lui sous la forme d'une mission à peu près perpétuelle. Son passage dans cette grande paroisse a été marqué par ses travaux ordinaires et les bénédictions que la providence se plaisait à y répandre. Il méditait l'établissement de plusieurs œuvres paroissiales ; mais la mort ne lui a pas permis de réaliser ses pieux projets. Après Pâques, il s'était rendu à Montbray, chez un de ses frères, curé de cette paroisse, pour prendre un peu de repos et jouir de la réunion de tous ses frères qu'il avait élevés avec la sollicitude d'un père et qui avaient pour lui une tendresse vraiment filiale. C'est dans cette réunion de famille, qui recevait pour lui un nouveau charme du mariage récent du plus jeune de ses frères, qu'il ressentit les premières atteintes de la longue et douloureuse maladie qui vient de le ravir au diocèse. Dès le principe, il ne conserva aucune espérance et il se prépara à la mort, qu'il regardait, depuis quelque temps, comme prochaine. Les vives souffrances qu'il éprouvait, presque sans interruption, ne servaient qu'à faire éclater sa résignation et son admirable patience. Jamais il ne s'était montré plus aimable. On peut dire de lui qu'il fut *doux envers la mort*, comme il l'avait été pour les pêcheurs : il la vit approcher avec ce calme et cette sérénité que donne une vie d'apôtre, consacrée tout entière à la gloire de Dieu et au salut des âmes. Dans les derniers moments si déchirants pour la nature, ses frères et sa sœur, qui n'avaient cessé de l'environner de leurs soins, s'agenouillèrent et récitèrent les prières des agonisants, souvent interrompues par leurs larmes et leurs sanglots ; et lorsqu'il eut remis entre les mains de son créateur son âme enrichie de tant de mérites, ils remplirent un devoir encore plus douloureux, ils lui fermèrent les yeux. Pendant les journées du samedi et du dimanche 28 et 29 juin, le corps de M. Legoupils demeura exposé sur son lit de mort ; de toutes parts, on s'empressait de le visiter ; on faisait toucher à ce corps vénéré, des chapelets, des médailles ; et on entendait continuellement de ces paroles qui manifestent l'opinion populaire et qui sont le plus beau des éloges funèbres : « C'est un saint ; » embrasse-le, mon enfant ; du haut du ciel il te portera bonheur. » C'est à lui que je dois ma conversion : que Dieu le récompense » pour le bien qu'il m'a fait ! »

L'inhumation eut lieu à Mesnil-Gilbert, le mardi suivant, au milieu d'un concours immense de fidèles. Son convoi était suivi de ses frères éplorés et de ses vicaires, venus de Cherbourg, pour rendre les derniers devoirs à leur bien aimé pasteur ; plus de soixante prêtres étaient présents, parmi lesquels on remarquait plusieurs curés-doyens, dix chanoines, les supérieurs des deux petits séminaires et trois grands vicaires. M. l'abbé Lebrec, vicaire-général de Mgr. l'évêque de Coutances, retraça, en traits rapides et éloquents,

le tableau des vertus et des travaux immenses du Brydaine de notre
diocèse. L'émotion profonde de l'orateur ne tarda pas à se communi-
quer à son auditoire, et des larmes coulèrent de tous les yeux.
M. Legoupils fut inhumé dans la tombe même de sa mère, dont la
mémoire avait toujours été vivante dans son cœur, et dont il s'était
plu si souvent à rappeler les vertus à ses jeunes frères orphelins.
Après la cérémonie funèbre, M. d'Auray de Saint-Pois, interprète
des sentiments de toute l'assistance, prononça ces belles paroles :
« M. Legoupils a usé sa vie pour Dieu et pour le pays; qu'un
» monument funéraire lui soit élevé par le pays reconnaissant. »
Tous applaudirent, et sur le champ une commission fut nommée
pour l'érection d'un monument qui doit consacrer les vertus et les
bienfaits du bon pasteur, de l'éloquent et saint missionnaire, dont
le nom seul rappelle des travaux prodigieux pour la foi et d'innom-
brables conversions.

Afin de rendre cette notice moins incomplète et de faire mieux
connaître M. Legoupils, je crois devoir citer ses adieux aux enfants
et quelques vers échappés à sa plume, dans des moments d'épanche-
ment, et où se révèle son âme tout entière.

Laissez venir à moi les petits Enfants.

MON ENFANT,

Il y a dans la vie bien des peines dont vous ne vous doutez pas
maintenant, mais que vous connaîtrez plus tard : soyez toujours
vertueux, et la Religion, comme une bonne Mère, essuiera toutes
vos larmes.

Hélas ! que de dangers pour votre innocence ! Enfant de Dieu, priez bien votre Père qui est dans les Cieux. Lui qui prend soin des fleurs des champs et des oiseaux du Ciel, n'abandonnera pas son Enfant qui l'invoque avec amour.

Tant que vous serez vertueux, la paix de Dieu reposera en vous comme une goutte de rosée dans le calice d'une fleur ; mais si le vice s'empare de votre âme, vous serez plein de tristesse et de remords, et vous ne pourrez retrouver les douces joies du cœur qu'en revenant à la vertu. C'est pour cela que ceux qui vous porteraient au mal seraient si criminels.

Aimez bien votre Père et votre Mère. Leur félicité dépend de vous, comme vous ne pouvez être heureux vous-même qu'en faisant leur bonheur. Priez donc Dieu de vous les conserver et de les bénir, afin que leurs exemples et leurs leçons soient pour vous comme un flambeau, qui guide le voyageur pendant la nuit obscure. Puissiez-vous ne leur faire jamais verser que des larmes de joie sur la terre, et devenir leur couronne au Ciel !

Soyez honnête, affable, complaisant envers tout le monde, surtout envers vos Frères et vos Sœurs. Si vous êtes riche, ô mon Enfant, aimez les pauvres et faites-leur tout le bien que vous pourrez ; car ils sont vos Frères et les Membres de J.-C. Si vous êtes pauvre, rappelez-vous que ce divin Sauveur est né dans une étable, et que pendant sa vie il n'avait pas où reposer sa tête. Vous réparerez par le travail ce qui vous manque du côté de la fortune.

Etudiez bien, mon Enfant. C'est Dieu qui vous a donné votre intelligence ; priez-le de vous donner une pieuse application pour la cultiver. Plus vous connaîtrez la Religion, plus vous la trouverez divine et belle. L'éducation chrétienne conserve l'innocence et fait la douceur de la vie ; l'ignorance, au contraire, est souvent mère de la misère et du vice. Soyez donc bien reconnaissant envers ceux qui vous instruisent et surtout envers vos Pasteurs.

O mon Enfant, ne jetez pas même les yeux sur les mauvais livres : ce sont des poisons mortels pour l'innocence.

Fuyez les compagnies dangereuses. Un ami corrompu est bientôt corrupteur, c'est un serpent qui se glisse à travers les fleurs pour dévorer sa proie. Ne fréquentez jamais aucune maison ni aucune personne, sans l'autorisation de votre Père et de votre Mère.

En cherchant le plaisir, craignez de trouver la mort. N'aimez que des jeux innocents. Sachez goûter le bonheur au sein de votre famille, dans l'accomplissement de vos devoirs, dans votre tendresse pour vos parents, dans l'amour de J.-C. et de sa sainte Mère.

Souvenez-vous toujours de cette petite Retraite. Relisez souvent les bonnes résolutions que Dieu vous a inspirées. N'oubliez pas surtout votre belle Consécration à Marie. Jésus-Christ n'est-il pas votre Frère ! Sa Mère sera la vôtre : elle veillera sur vous comme elle a veillé sur lui. Portez sur votre cœur l'Image bénite de cette tendre Mère. Baisez-la avec respect soir et matin, en lui disant un *Ave, Maria,* pour la prier de vous obtenir une grande pureté de cœur et de corps. Priez-la aussi quelquefois pour moi.

Adieu, mon Enfant !

Les Missions.

Pays chéri de Dieu, catholique Bretagne,
J'ai vu rivaliser ta ville et ta campagne ;
J'ai vu tes chers enfants, pleins de la même ardeur,
Quitter tout pour venir à la voix du Seigneur.
Quel grand spectacle, ami, dans les temps où nous sommes !
J'ai vu communier à la fois trois mille hommes !
Tout un peuple, ouvriers, artisans, magistrats ;
A la table de Dieu marchaient d'un même pas.
Les épouses pleuraient au seuil des saints portiques,
Entendant seulement les sublimes cantiques,

Que répétaient en chœur leurs époux triomphants.
Les mères priaient Dieu de prendre leurs enfants ;
Les mœurs refleurissaient : la coupable victime,
Que le crime soutient et qui soutient le crime,
Dans son repaire affreux, succombant au besoin,
Ou changeait de conduite, ou s'échappait au loin.
Le fils n'affligeait plus la mère désolée ;
Avec ses chers enfants l'épouse consolée
Retrouvait son époux. La paix, la douce paix,
En rentrant au foyer y versait ses bienfaits.

Gloire à Dieu ! Gloire à Dieu ! La gloire est interdite
A l'homme qui n'est rien. Gloire à qui ressuscite !
Gloire à qui seul guérit ! L'homme n'est en ses mains
Que le vil instrument qui sert à ses desseins !

C'était le Jubilé ! La grâce si puissante
Tombait. tombait du ciel en rosée abondante.
O mon Dieu, quels beaux jours ! Je courais en tous lieux,
De Dol à St-Malo, de Dinan à Bayeux.
Martigné, Barenton, Vitré, Rennes, Fougères
Me voyaient chaque jour par trois fois dans leurs chaires.
Alors que je partais, dans des adieux touchants,
Tombaient de tous les yeux des pleurs reconnaissants ;
Ils ne me donnaient plus que le doux nom de père ;
Et moi, celui d'enfant, d'ami, de sœur, de frère.
Père, reviendrez-vous, s'écriait leur douleur ?
Partout je leur laissais un lambeau de mon cœur.

La Convalescence.

Combien il me tardait, dans ma reconnaissance,
D'offrir à Dieu les jours de ma convalescence !
Malgré tous mes amis, malgré tous les Docteurs,
Je bravai du repos les prudentes lenteurs.
Quel bonheur de revoir une sainte assemblée,
Et de verser encor sur la foule troublée

La parole d'amour ! et de mêler mes pleurs,
Pécheur aussi moi-même, aux larmes des pécheurs !
Je ne sais trop pourquoi : jamais mon âme ardente
N'avait encor parlé d'une voix si touchante.
La grace triomphait ! et la mère, en pleurant,
Me disait : voulez-vous recevoir mon enfant ?
Si je voulais, grand Dieu ! Puis l'épouse attendrie,
Après avoir long-temps prié devant Marie,
En pleurant de bonheur, m'annonçait son époux,
Et me disait tout bas : oh ! soyez-lui bien doux !
La sœur, en souriant, me présentait son frère ;
Jusqu'aux petits enfants me priaient pour leur père.
Délicieux moments ! Il en est de plus doux :
C'est lorsqu'un vieux pécheur, pleurant à vos genoux,
Posant dans votre main sa main reconnaissante,
Vous dit : merci, mon père, avec sa voix tremblante ;
Et moi, je lui disais, en lui serrant la main :
Mon frère, allez en paix ; le grand jour est demain !

Fragments

d'une épître de M. Legoupils à l'un de ses frères.

Nous ne sommes pas nés au sein de la richesse,
Et notre seul trésor, nos bien aimés parents,
Hélas ! furent trop tôt ravis à la tendresse
(Ainsi Dieu l'a voulu) de leurs tristes enfants.

———

Et nous restâmes seuls, dans la pauvre chaumière,
Où le dernier venait de recevoir le jour,
Seuls comme un nid d'oiseau, lorsque la tendre mère
A péri dans les airs, sous l'ongle du vautour.

———

Petits infortunés ! En vain leur voix appelle
La douce nourriture et la douce chaleur !
Leur mère ne vient pas réchauffer, sous son aile,
La famille chérie au foyer de son cœur.

Mais l'œil de Dieu nous vit. Joseph nourrit ses frères :
Un de nous, tu le sais, eut aussi ce bonheur.
Dieu se servit de lui pour finir nos misères ;
Et le nid fut sauvé. Gloire à vous seul, Seigneur !

Enfants de laboureurs, nous aimons les campagnes,
Les prés et les troupeaux, les champs et les moissons,
Les sentiers escarpés et les hautes montagnes,
Et l'immense rideau des larges horizons.

Frère, vois-tu là-bas le clocher du village,
Autour duquel, hélas ! dorment tous nos ayeux ?
Ah ! puissions-nous, un jour, après notre passage,
Sous ces pommiers en fleurs, y dormir avec eux !

Souvenirs d'Enfance.

C'est toi ! je te revois, ô chère Guérinière !
Charmant petit ruisseau, que j'appelais rivière,
Oh ! que j'étais heureux, dans mes jeux enfantins,
Quand ton courant faisait tourner tous mes moulins !
Que de fois sur tes bords tu voyais mon visage
Contempler dans tes eaux ma vacillante image !
Relevant mes habits au dessus des genoux,
J'affrontais de tes flots le risible courroux.
Plein de crainte et d'amour, je suivais à la trace
Le rameau détaché, nageant à la surface.
Si quelque promontoire en arrêtait le cours,
Je l'aidais de ma main et le suivais toujours.
Quoi ! je retrouve encor sur ta robe ondulante
Ces brilants moucherons à l'aile étincelante ;
Mais mon œil attentif les poursuivait en vain,
Ils échappaient toujours à mon avide main.
Comme mon cœur battait, quand ma main triomphante
Etreignait sous tes bords la truite frétillante,

Ou, qu'à l'aide des doigts, courbée en hameçon,
Mon épingle enlevait un agile véron !
Pauvre petit ruisseau, sous ta rive chérie,
Me reconnais-tu bien ? Vois, ma tête est blanchie.
Hélas ! comme les flots sont écoulés mes jours ;
Ils tariront bientôt. Toi, tu coules toujours !

Les Religieuses du Sacré-Cœur, à Coutances.

Là, par d'aimables soins la fragile innocence,
Formée à la vertu, dès la plus tendre enfance,
Croît, comme un jeune lys, dans un secret vallon,
A l'abri des fureurs du fougueux Aquilon.
Je parle à ces enfants des vertus de leur âge ;
Comment Jésus bénit l'enfant docile et sage.
J'arme leur jeune cœur contre la vanité :
Je leur peins les dangers de la frivolité.
Nous avons nos beaux jours, jours de cérémonie !
Nos suaves saluts, nos beaux mois de Marie,
Quand, au milieu des chants, de l'encens et des fleurs,
Les vœux montent vers Dieu sur de molles vapeurs.
Mais nous avons aussi nos fêtes de famille,
Quand la mère héroïque, offrant à Dieu sa fille,
La voit se dépouiller de son profane habit
Et cacher ses attraits sous son voile bénit.
Vient le grand jour des vœux : au bas du sanctuaire,
La vierge disparaît sous le drap funéraire.
Sur ce jeune tombeau l'enfant jette des fleurs,
Et les pieux parents répandent tous des pleurs.
La vierge se relève, entonne son cantique,
Célèbre les grandeurs de son époux mystique,
Donne un baiser de paix à sa nouvelle sœur
Et fait aux anges même admirer sa ferveur.

Imprimerie-Librairie d'Auguste LEBEL, à Mortain. — Juillet 1851.

www.ingramcontent.com/pod-product-compliance
Lightning Source LLC
Chambersburg PA
CBHW060736280326

41933CB00013B/2664